1

La Contradicción Viviente: Análisis del Sistema Imperial Interno de EE.UU.

Por:

Al R Suarez

Tabla de Contenidos

Introducción

Este libro está dedicado a Canek Sánchez Guevara, nieto del Che Guevara, que tuvo correspondencia conmigo durante varios años y que falleció en México a la edad de 40 a principios del 2015. Sobreviviendo a su abuelo por un año, Canek fue un escritor prolífico en Europa y Centroamérica, así como en su último lugar de exilio, México, donde su abuelo también había visitado (Canek nació en Cuba y vivió allí hasta los años 90). Canek era el nombre dado a los descendientes de los mayas que eran guerreros que resistieron a los españoles durante algún tiempo, especialmente en Guatemala, donde el Che tambien lo hiso así. Canek Sánchez Guevara escribió contra el totalitarismo y continuó el legado de su abuelo combatiendo las injusticias. ¿Quién mejor para honrar a la hora de escribir acerca del imperialismo?

Por otro lado, yo honro al Che también, que fue un convencido antiimperialista que sacrificó su vida por la causa. Es tambien importante recalcar que cuando la gente habla del imperialismo ellos están hablando del brazo externo y no de su brazo interno como por ejemplo el respaldo de los EE.UU. a las juntas militares fascistas de represión, especialmente en América Latina, así como su intervencion en otras las naciones. Sin embargo, voy a analizar aqui cómo los EE.UU. han establecido un sistema imperial interno que separa a la gente por su clase social, su raza y el género, con el fin de dividir y conquistar, al igual que los EE.UU. lo hacen a otras naciones más débiles del "tercer mundo". Los EE.UU. utilizan principalmente la propaganda a travez de los medios de comunicación para fomentar esta división. Sin embargo, en Estados Unidos el control corporativo sobre los medios de comunicación está perdiendo legitimidad por la existencia de medios alternativos de comunicación que retan a esta cutura corporativa y que van más allá de una subcultura.

He escrito muchas veces acerca de la revolución en mi país, a través de mi activismo, esforzandome mucho para lograrlo teniendo en cuenta lo que los filósofos chinos dicen, esto es, que para luchar contra tu enemigo tienes que conocer a tu enemigo, el cual es el imperio más grande de la historia con más bases militares que cualquier imperio en la historia, y siendo el único imperio que niega ser un imperio. Vemos entonces una contradicción viviente de una sociedad como los Estados Unidos que se propone ser la más libre del mundo pero que sus acciones reflejan lo contrario. Para luchar contra esta contradicción debemos entender mejor el tema para encontrar el camino correcto o táctica para combatir esta injusticia en contra de la humanidad. El reformismo del senador de Vermont Bernie Sanders no nos va a llevar a una "revolución política". Limitándonos a los confines del pensamiento nacionalista chauvinista no nos llevará a ninguna parte tampoco. Necesitamos una revolución real y coordinar esto con líderes verdaderos no con los falsos profetas, como ya lo he advertido en libros anteriores. Así que vamos a profundizar ahora en la realidad de esta contradicción.

Al R Suarez

10 de octubre 2015

Tampa de la Florida, Estados Unidos

Capítulo I: Propaganda

El término propaganda se utilizaba al principio para dar información y sin que necesariamente tenga una connotación negativa. No fue hasta la Segunda Guerra Mundial que la palabra comenzó a ser asociada con mentiras y/o manipulaciones, como por ejemplo la propaganda nazi. La CIA en 1948 por ejemplo, en uno de sus primeros programas llamado "Operación Paperclip", reclutó a muchos nazis de alto rango y aprendió muchas de las tácticas de propaganda de los nazis que se aplicarían con posterioridad en la sociedad estadounidense. Entre los personajes reclutados se encontraba el llamado "Carnicero de Lyon" Klaus Barbie, quien dirigió el campo de concentración de Lyon en Francia y que era buscado en toda Europa por sus crimenes. Barbie emergió de nuevo en Bolivia y ayudó a entrenar a los militares que mataron al Che Guevara. Barbie tambien formó parte del llamado "Golpe de la Cocaína" que derrocó a un gobierno boliviano. Es interesante resaltar que el Che pudo tambien haber sido enviado por su padre en su juventud para espiar a los nazis exiliados en Córdoba, Argentina, pues se sabe que el padre del Che era un activista antifascista.

Como ya es de conocimiento publico, no sólo en Argentina y Bolivia, pero en Paraguay estos paises eran conocidos por ser un paraíso para los fugitivos criminales de guerra nazis, los cuales se convirtieron en asesores de los gobiernos militares de estos paises llamados "juntas", especialmente en los años 70 durante "los años del Plan Cóndor". Debe tenerse en cuenta que la política de dar refugio a nazis fue plenamente apoyada por Kissinger (secretario de Estado de Nixon), quien emigró a los EE.UU. para escapar de los nazis y que había luchado contra los nazis durante la Segunda Guerra Mundial, pero sin embargo ayudó a los nazis cuando la Guerra Fría culminó. Klaus Barbie por otro lado, no fue enviado de vuelta a Europa hasta que el Che ya habia fallecido, sin embargo, un sobreviviente del Holocausto fue a Bolivia y presionó al gobierno de ese país para revelar la verdadera identidad de Klaus Barbie y el gobierno Boliviano finalmente accedio a este pedido. Entrare en más detalles sobre este tema en el próximo capítulo.

En referencia a la manipulacion de los ciudadanos, la famosa frase dicha en el famoso Juicio de Nuremberg de parte del criminal de guerra nazi Goering en 1947 me viene a la mente cuando pienso en el significado de la propaganda. Goering dijo: "A la gente siempre se le puede convencer de lo que sus líderes les dicen. Eso es facil. Todo lo que tienes que hacer es decirles a ellos que están siendo atacados y denunciar a los pacifistas por falta de patriotismo y por exponer al país al peligro. Funciona de la misma manera en cualquier país". Esta frase es al menos famosa en algunos círculos pues la gente todavía no ha aprendido las lecciones valiosas de la guerra.

Capítulo II: El imperialismo Externo

Para entender el imperialismo interno que tiende a ser encubierto, debemos entender la historia del imperialismo externo de Estados Unidos que es mucho más abierto. Las intervenciones de los Estados Unidos, sobre todo en América Latina, culminaron a principios de 1950 con el golpe de estado de Estados Unidos contra el líder progresista de Guatemala Jacobo Arbenz, de la que el propio Che fue testigo. Voy a empezar este capítulo compartiendo un reciente artículo que escribí sobre este tema de mis notas de facebook.

42 años desde que los Estados Unidos Apoyaron el Reinado del Terror Iniciado En América del Sur, la América del 9/11

Ahora voy a profundizar en un tema que los estadounidenses desconocen completamente, esto es, los infames Años Condor en el apogeo de la Guerra Fría, que sucedió a lo largo de los años 70, donde los neo nazis empesaron a ser asesores de los regímenes militares facistas latinoamericanos con la ayuda de la CIA respaldada por Nixon y Kissinger & Co. Perú fue uno de los pocos países que no recibio un golpe de Estado, y tomó muchos refugiados bajo el gobierno de Velasco cuando mi padre vivía todavia en su Perú natal y tenia alrededor de 20 años.

Todo comenzó el 11 de septiembre de 1973 cuando el presidente socialista elegido democráticamente Salvador Allende, empezo a ser bombardeado en el palacio presidencial de La Moneda, en Santiago de Chile, después de tres años en el poder donde hizo cambios radicales para ayudar a los campesinos, los estudiantes y la clase obrera de su nación, lo que motivaron movimientos de inspiración en toda América Latina y en el mundo. Én medio del caos reinante que se estaba produciendo debido al golpe de estado, Allende dio un discurso dramatico de despedida en la radio, y luego tomo el rifle que Fidel Castro le regalo en un viaje a Chile y se pegó un tiro. Se pensó al comienzo que pudo haber muerto resistiendo a los fascistas que entraron en el palacio, pero se supo despues en una autopsia que fue Allende el que se suicido.

Se puede decir con certeza que Allende contribuyó mucho a la revolución, incluso antes de convertirse en presidente él fue amigo del Che Guevara y como gobernador de una provincia del norte de Chile tomó algunos sobrevivientes de la campaña del Che en Bolivia y los ayudo a escapar. Sin embargo, a diferencia de Hugo Chávez a quien trataron de hacerle un golpe de estado en Venezuela en el 2002, Allende no disponía de los aliados en el ejército que necesitaba para evitar el golpe de estado, ademas de ser su revolución pacífica en tiempos violentos. En cambio, el traidor y fascista general Pinochet empezo una represión brutal, creando también tenía muchas películas hechas basadas en sus novelas, donde actores como Javier Bardem campos de exterminio y persecución que motivo que muchos perseguidos se fueran al exilio, incluyendo la sobrina de Allende llamada Isabel Allende que más tarde se convirtio de periodista a una gran escritora inspirada en Pablo Neruda, por lo cual muchos la llamaron más tarde la version femenina de García Márquez.

Es tambien interesante compartir con el lector el hecho que se hicieron muchas películas basadas en las novelas de Isabel Allende, donde actores conocidos como Antonio Banderas actuaron en ellas. El propio García Márquez y muchos autores revolucionarios de todo el mundo conocian al presidente Allende y a García Márquez. Por otro lado, autores y poetas como Eduardo Galeano tambien fueron influenciados por Allende a quien conocio personalmente. Esta generacion de escritores en Uruguay trajo otros grandes escritores de izquierdatales como Mario Benedetti. Galeano falleció a principios de este año donde el presidente Mujica fue su amigo. García Márquez fallecio en 2014, en el exilio en México lejos de su natal Colombia, pero Galeano murio en su tierra natal, Uruguay, donde su amigo Mujica asumió el poder. El cantante venezolano conocido como Alí Primera también hizo canciones sobre Allende después del golpe de estado en Chile.

Del mismo modo, el poeta-cantor revolucionario Víctor Jara se convirtió en uno de los 10.000 ciudadanos chilenos que murieron a manos de los fascistas, al no poder escapar, y fue torturado hasta la muerte en un campo de concentración chileno muriendo el 15 de septiembre de 1973. El imperialismo norteamericano es entonces directamente responsable de su muerte ademas de instituir el terror en otros países como Bolivia, Argentina y Paraguay.

En los años 80 América Central tuvo tambien su cuota de regímenes fascistas apoyados por Estados Unidos que se opuso a la revolución sandinista en Nicaragua. Hoy en día, sin embargo, el legado de Allende es duradero, tal como lo vemos en Nicaragua, Venezuela, Ecuador, Bolivia, Argentina, países gobernados por presidentes de izquierda o de centro izquierda, presidentes democráticos que se han unido entre sí contra el fascismo y el imperialismo estadounidense como nunca antes, usando sus recursos para mejorar las condiciones de los pobres, la clase obrera y los pueblos indígenas en cada una de sus naciones. En mi opinion, esta tendencia da esperanza para el resto del mundo en su lucha por una sociedad mas justa, especialmente en el sur de Europa, donde países como España y Grecia están bajo la presión del neoliberalismo representado por el FMI, mientras que los latinoamericanos ya tienen experiencia en el trato con el FMI y fueron capaces de derrotar al imperialismo económico en su territorio lo cual es un ejemplo para todos los pueblos oprimidos que fueron capaces de llegar a ser libres, debido a la enorme sacrificio de grandes personas como Salvador Allende. Es importante recalcar que su primer nombre significa "Salvador", y fue en realidad un salvador de mucha gente, que nunca lo olvidaré.

Última imagen tomada de Allende, tomada durante el bombardeo del palacio, poco antes de su discurso de despedida en la radio, donde en vez de ser capturado y torturado, se pegó un tiro con honor.

De hecho, líderes como Allende y Arbenz, ambos sinpatizantes de el Che Guevara, fueron los principales ejemplos de hombres considerados amenazas al imperio de Estados Unidos, pero que al ser removidos del poder los convirtieron en héroes para todos los latinos. Zelaya y Lugo son otros ejemplos recientes en una larga lista de líderes latinoamericanos derrocados por el imperialismo norteamericano.

Incluso los antiguos aliados de los EE.UU. como el general Noriega de Panama, más tarde se convirtio en enemigo, lo que es un recordatorio de cuando Saddam paso de amigo a enemigo de los EE.UU tambien. Lo mismo paso con Bin Laden, pero Bin Laden nunca goberno en Afganistán pues era de origen Saudí. Podría el Che sin embargo, un argentino, haber encabezado el movimiento de liberacion en Bolivia? No veo por qué no pues Bolivia, era parte del Alto Perú cuando estaba sometido al imperio español, ademas de ser un país que lleva el nombre de un venezolano (Simón Bolívar). El nombre completo del Che fue Ernesto Rafael Guevara Lynch de la Serna, su madre era, irónicamente, un descendiente de José de la Serna, que era parte de la aristocracia argentina, que fue el último virrey de España, derrotado en la batalla de Ayacucho al mando de Sucre, un venezolano que dejó su puesto en el Ecuador para ayudar a cumplir el plan de Bolívar en el Perú, pais que se le dio el nombre de Alto Perú. El Alto Peru era una extensión del plan del Libertador Bolívar en la Gran Colombia (la actual Panamá, Colombia y Venezuela).

Más tarde José Martí, el apóstol de la independencia cubana, un poeta que había sido perseguido por su activismo contra el imperio español y un admirador de Bolívar, intentó su propia lucha antiimperialista contra España en Cuba, que fue uno de los últimos bastiones del imperio español. Martí vivió en el exilio en los EE.UU. particularmente aquí en Tampa, y supo que cuando los españoles dejaran Cuba los norteamericanos intentarían imponer su voluntad usando la Doctrina Monroe. Martí había viajado a Venezuela para conocer la tierra de su héroe. Como ya lo sabemos, el Bolivarianismo renació en la década del 2000 con la elección de Hugo Chávez y sus sucesivas elecciones al poder la cual creo la base de la alianza y la integracion con el resto de América Latina, incluyendo la mayor parte de América del Sur, Honduras y Nicaragua. La relación con Nicaragua continúa pues es el único gobierno de izquierda en América Central. Maduro, presidente de Venezuela desde la muerte de Chávez, sigue una política similar de integración, socialismo y el antiimperialismo.

Capítulo III: El Imperialismo Interno

Lo que no es a menudo analizado o discutido son las consecuencias internas para grandes sectores de la población de Estados Unidos, como resultado de las políticas imperialistas de su gobierno. Por ejemplo, hombres acusados de ser tiranos como Napoleón o Stalin han sido los chivos expiatorios de las sociedades en relacion a cómo la historia los ha juzgado. Sin embargo, en los EE.UU. no es necesariamente a un individuo en particular al que se puede culpar, pues es en realidad el sistema el que está amañado para evitar un tercer partido politico y son las élites en última instancia las que controlan los dos partidos tradicionales capitalistas.

Entonces, la primera forma de cómo el imperialismo interno trabaja se refleja en cómo las elites tratan a los pobres, sobre todo a la gente de color de las "clases bajas". Una nación siempre debe de ser juzgada por la forma en que trata a sus ciudadanos más vulnerables. El caso de Hitler es instructivo pues fueron la clases sociales mas bajas de Alemania las mas vulnerables a la persecusion y al exterminio nazi. De hecho, los Judios con poder económico en Alemania no fueron puestos en getos hasta mucho más tarde o fueron exiliados a otros paises como Estados Unidos o Europa.

Sin embargo, estos no fueron los primeros getos en Alemania. Por ejemplo, la gente le llaman geto en los EE.UU. a "barrios con gente de tez más oscuras" donde la gente de raza negra viven, y donde el crimen puede ser un problema, incluyendo el uso de drogas o su venta. Pero, ¿quién inventó el geto? ¿Quién trajo las drogas? Vamos a analisar en detalle este tema. El primer geto fue el Geto de Venecia, que se hizo famoso a través de la famosa obra de Shakespeare "El Mercader de Venecia". Por ejemplo, a los Judios no se les permitia salir fuera de del geto sin llevar una gorra roja que significaba que no eran cristianos. Los Judios fueron de esta forma discriminados y perdieron su poder economico no solo en Venecia sino en Alemania tambien.

El geto tal como lo conocemos hoy dia fue inventado por el gobierno de Estados Unidos cuando el Partido de las Panteras Negras para la Autodefensa fue infiltrado por un programa llamado COINTELPRO del gobierno, usando la droga llamada "crack"para dividir las facciones restantes de este grupo Afro-Americano que no estaban en la cárcel o estuvieran muertos. Describí en los libros anteriores de cómo el gobierno utilizó este programa para infiltrarse en otros movimientos como Occupy Wall Street. Las Panteras Negras tambien llamados las bandas de los Bloods y los Crips estaban bien financiados y armados tomando impulso después de la muerte de su inspirador Malcolm X a finales de los años 60, pero a finales de los años 70 desaparecieron rapidamente. En los años 80 la era del "Crack" dividio a las pandillas de las comunidades negras en las áreas urbanas de el país como en Los Ángeles y Detroit.

Por otro lado, la madre de Tupac Shakur, que vino de la prominente familia Shakur que eran miembros de Las Panteras Negras, fue un preso político que fue liberada poco antes que su hijo Tupac naciera. El nombre Tupac Amaru le fue dado a Shakur en honor al guerrero inca Tupac Amaru, que luchó contra los españoles en el Perú, y un par de siglos después, un descendiente de Tupac Amaru llamado Tupac Amaru II también encabezó una rebelión contra el dominio español por lo cual fue ejecutado. Estas luchas de liberacion ayudaron a crecer las semillas de una rebelión que comenzaría con Bolívar para poner fin a la esclavitud y comenzar la lucha por los derechos indígenas como el eje de su lucha antiimperialista.

Es importante recalcar que lo que el famoso sacerdote peruano Gustavo Gutiérrez llamaría más tarde la teología de la liberación, los nativos tuvieron algún apoyo de los elementos progresistas de la Iglesia (jesuitas) en la tradición de Barolome de las Casas quien convenció a la corona española para hacer illegal la esclavitud contra los nativos.

Mas tarde, en la época de Bolívar, en el siglo 19, los haitianos que recientemente habian derrotado a Napoleón II, tambien ayudaron a Bolívar a cambio de una promesa de poner fin a la esclavitud en las tierras que serían liberadas. Por otro lado, en los EE.UU. el 5 de Mayo se celebra como una fecha importante para los mexicano-americanos, pero lo que muchos estadounidenses no se dan cuenta es que en realidad no es su día de la independencia, es el día en que los mexicanos derrotaron a las tropas de Napoleón II en la batalla de Puebla. Esto ayudó a poner fin a la era de la familia Bonaparte, pues el tío de Napoleón II fue el primer y original Napoleon y que fue derrotado en Waterloo. Si nos fijamos en la historia de los Césares, es bastante similar pues César Augusto fue el sobrino de Julio César.

Volviendo al tema de Tupac Shakur, la hermanastra de su madre llamada Assata Shakur, también fue un preso político que fue capaz de escapar de la cárcel para posteriormente exilarse en Cuba. Seria interesante ver si este tema va a ser un punto de fricción en las negociaciones con Cuba durante la "normalización de relaciones" porque tecnicamente esto no es un levantamiento del embargo económico de Estados Unidos hacia Cuba, y por otro lado Obama, siguiendo órdenes como un buen esclavo de la casa, ha hecho lo que presidentes blancos han dejado de hacer desde que la señorita Shakur era buscada en los años 70, esto es, la puso a la cabeza de la lista de los más buscados del FBI. Por otro lado, el resto de los 5 presos políticos Cubanos fueron enviados de regreso a Cuba, pero Mumia, Peltier y otros luchadores por la liberación de los afroamericanos continuan tras las rejas. Toda una generación de revolucionarios permanecen todavia en el complejo industrial de prisiones en Estados Unidos, a lo que Michelle Alexander se refiere como el Nuevo Jim Crow que muestra cómo las prisiones con fines de lucro fomentan la esclavitud y están llenas de las llamadas minorías etnicas de Estados Unidos.

Espero haber clarificado para el lector cómo el imperialismo externo y el imperialismo interno funcionan, sin embargo la pregunta clave es ¿cómo podemos luchar en contra de estas políticas regresivas y sus implicaciones culturales? La construcción de una cultura diferente, esto es, de un movimiento para luchar contra el imperialismo en todas sus formas es la respuesta. Y esto significa una fuerte conviccion para luchar en contra de estas fuerzas imperiales lo cual se discutirá en el próximo capítulo.

Capítulo IV: Organizando a la Oposicion

Para organizar o formar una oposición de izquierda para luchar contra el imperialismo interno en todas sus formas, (similar a la oposición de izquierda de Trotsky forjada contra Stalin, que funcione y que una a muchas facciones) nosotros debemos de conocer la realidad alrededor de nosotros y no vivir en la ilusion. Me estoy refiriendo a que debemos de expander nuestros esfuerzos de oposicion a pesar de que el gobierno de Estados Unidos nos llame por temor terroristas domésticos, a pesar de que nuestros metodos no son violentos y a pesar de que se le haya dado poderes dictatoriales al presidente con la introducción de leyes como la Ley Patriota o NDAA, bajo el disfraz de una "emergencia nacional" tal como sucedio en el pasado bajo la Ley de Habilitación Nazi que le dio a Hitler tales poderes dictatoriales. Por lo tanto, debemos tener mucho cuidado en publicar todo lo que queramos en forma abierta en los medios sociales con tales leyes draconianas del gobierno, pues la gente corre el riesgo de ser encarcelada por "revelar o escribir amenazantes mensajes" tal como sucedio con Snowden que por mostrar la verdad a sus compatriotas se le llama traidor por lo que fue obligado a exiliarse. Tenemos entonces que ser discretos en lo que digamos públicamente y adaptar nuestro mensaje cuando sea necesario de acuerdo a las circunstancias.

Por otro lado, es importante ser firme en nuestra posicion pues un individuo puede tener toda la paciencia del mundo pero cuando el sistema es extremadamente injusto debemos tratar contra el sistema con dureza y determinacion. El término "tiempos desesperados, demandan medidas desesperadas" en algunos contextos es muy cierto, sin embargo, no deben utilizarse para justificar una violencia injustificada. Por ejemplo, una persona de conciencia como Snowden, a pesar de tener un pasado militar, es parte de esta contradicción, pues el fue en contra de lo que se le enseño sacrificando su vida cómoda en Hawai para hacer lo correcto. Y por esto el se ha ganado mucha simpatía en el mundo incluso de muchos estadounidenses. Lo que tenemos que hacer entonces es convertir esto en empatía, que es un tema diferente. La empatía significa ponerse en el lugar de la persona que sufre y sentir la ofuscacion que se siente por esa injusticia, y de hecho hacer algo al respecto de una manera constructiva trabajando con otros hacia esa meta.

Entonces, la primera fase para combatir un sistema injusto es la fase de la rebelión que viene antes de la fase revolucionaria, a lo que el Che llamó una rebellion conformada por un grupo de vanguardia compuesta en su mayoría por jóvenes para lograr un cambio transformador radical. No obstante las generaciones anteriores nos han fallado y vemos este fracaso en el entorno, sin embargo podemos aprender del pasado, creando nuevos métodos para hacerle frente a un sistema injusto. En consecuencia, ahora voy a compartir mis pensamientos sobre la cuestión de la rebelión y la revolución.

Rebelión y Revolución

Voy a compartir algunas breves reflexiones sobre estos dos conceptos. Por ejemplo, muchos ven estos dos conceptos opuestos el uno con el otro. Otros los ven como la misma cosa. Yo sin embargo los veo diferentemente. La rebelión es la primera fase, o debería de ser la primera fase que nos lleve hacia un movimiento revolucionario. Y un movimiento asi debe ser bien organizado. La rebelión es experimentar el cambio a menudo de una manera desorganizada, es la preparación de un escenario revolucionario por los lideres de la rebelión que se componen principalmente de jóvenes de vanguardia que deben de ser un ejemplo de liderazgo para que el resto de la gente los siga.

A menudo escuchamos el término rebelde usado generosamente, como por ejemplo los llamados rebeldes sirios o libios, que suelen ser agentes extranjeros a menudo comprados por el imperialismo occidental utilizando a la llamada "primavera árabe" como pretexto para destruir las naciones progresistas y tomar sus recursos naturales, como el petróleo y similares. Por otro lado, un verdadero rebelde para mí es alguien que está en su camino a convertirse en un revolucionario, a lo que el Che llamó el más alto logro de la especie humana. Este logro es un proceso que toma tiempo pues ningún líder nace revolucionario, por lo tanto, aquellos que quieran ser lideres deben adquirir el trabajo en equipo y el auto sacrificio para ser ese ejemplo de liderazgo para los demas en la lucha revolucionaria.

Por lo tanto, los revolucionarios no dividen sino unen a la gente, inspiran y no incitan a cometer actos delictivos, pero inspiran a la gente a la resistencia organizada cuando lo amerite el caso. Analicemos ahora la resistencia organizada para poner en práctica la acción revolucionaria que es la consecuencia de la rebellion inicial explicada anteriormente para aprender a establecer las condiciones para el logro de la revolución misma. Al igual que en mi tercer libro que habla de la vanguardia revolucionaria (que ahora solo cuesta $5 dólares) voy a explicar en mas detalle la esencia de la revolución y en que contexto debería funcionar, y cómo la reforma sin solidaridad no es la mejor manera de llegar a la revolucion.

Capítulo V: La Solidaridad

La importancia de la solidaridad a sido tratado en mis libros anteriores, pero creo que es un tema que debemos seguir examinando y si es necesario redefinir en su forma correcta. La base de la solidaridad es en efecto la empatía. Dependiendo de socialismo parlamentario que se configure en Europa (UE), y quién sabe en Gran Bretaña y España en el momento que se publique este libro, las situaciones podrían cambiar dramáticamente en estos paises lo cual puede ser problemático. Los líderes necesitan hacer algo drástico para cambiar el sistema actual, que porsupuesto incluye a Grecia. Antes de analizar la importancia de la empatía y la lucha por los pobres y la clase trabajadora en contra de la opresión burguesa; voy a compartir mi artículo sobre la situación griega después de que Tsipras claudico a las demandas de los banqueros, principalmente alemanes, a los que he descrito como terroristas financieros los cuales muchos pensadores progresistas piensan de la misma manera.

Como lo dije antes, estoy en solidaridad con el pueblo griego en esta crisis y espero que Syriza o sus ex miembros puedan reunirse para revertir esta capitulación, a medida que la crisis economica, el problema de los refugiados y el surgimiento de grupos fascistas como "Amanecer Dorado" existan en Europa. He marchado tambien con camaradas griegos a quien les tengo la más alta estima pues la democracia misma se originó en este país.

Mi Mensaje a los Trabajadores de Grecia

En mi honesta opinion, Tsipras no es un traidor, pero por desgracia es un cobarde político. El hecho que claudico a la mayoría de las demandas de los terroristas financieros Europeos y las aprobó en el parlamento Griego, habla por si solo de su cobardía política. Sin embargo, a diferencia de lo que los teóricos de la conspiración están diciendo acerca de Tsipras, es mi creencia que el fue bien intencionado pero finalmente cedió a la presión. Lo que quiero decir aqui es que si quieres ser un político revolucionario, tienes que estar preparado para morir por tu pueblo. Allende por ejemplo sabía el riesgo que estaba tomando, y prefirio el suicidio que lo transmitio por la radio y que la autopsia lo confirmo. En otras palabras, Allende no les dio a los fascistas la satisfacción de matarlo o torturarlo, sino morir con honor como lo muestra su discurso preparado con antelación.

En consecuencia, ahora es el momento de protestar masivamente no solo en toda Grecia sino en toda Europa para revertir las medidas de austeridad pues si no lo hacemos arruinaría aun mas lo que queda de la economía Griega. Las recomendaciones del camarada Costas de Syriza deben tomarse en cuenta, incluyendo el no pagar la deuda pues el tiempo para las negociaciones ha terminado. Las huelgas deben inmediatamente ser organizadas en toda Europa en solidaridad con los trabajadores griegos y los estudiantes. El gobierno griego tiene que tomar medidas para nacionalizar los bancos para que sirvan a sus ciudadanos incluyendo salir de la zona euro si es necesario.

Por otro lado, estoy seguro de que ustedes están cansados de los extranjeros que les dicen lo qué ustedes deben de hacer, como los alemanes hoy en el poder que les imponen medidas economicas suicidas a su país e hipócritamente hablan de democracia y de la Unión Europea sin acordarse que en 1953 le fue perdonado la deuda alemana a Europa incluyendo la deuda de Grecia por su invasión y la destrucción de su pueblo. Esta deuda de Alemania que tuvo con Grecia, supera la deuda actual de Grecia, por lo cual esta deuda de reparación debería de ser pagada de todos modos a Grecia pero Alemania lo rechaza siendo este pais una rica nación europea. De acuerdo con la lógica alemána invadir un país es perdonable, pero tomar un préstamo cuando lo necesitan y no ser capaz de devolver el dinero no lo es.

Es importante recalcar que la elección de Syriza fue histórica pues se opuso a las elites financieras como el FMI, que practica un gansterismo financiero contra naciones debiles al dar préstamos que despues estos paises no pueden pagar, como lo habían hecho antes en América Latina antes de las revoluciones democráticas de izquierda que culminó con la elección de Hugo Chávez en 1998, y la reelección de Chávez que unió el continente en nombre del socialismo y de Simón Bolívar, el hombre que ayudó a liberar a gran parte del continente del imperialismo español. Una de las primeras cosas que Chávez hizo fue ayudar a poner fin a la deuda externa que Argentina tenía con el FMI. Vemos hoy con la solidaridad de todas las naciones al sur de los EE.UU. en este hemisferio condenando las sanciones de Obama contra el gobierno democrático de Venezuela, incluso de naciones que dicen ser aliados de los EE.UU.

Es tambien importante recalcar que el forzoso aterrizaje del avión del líder indígena y presidente de Bolivia, Evo Morales en 2013, con la complicidad de

España y Austria, paises que fueron espiados por el imperio estadounidense que Snowden había revelado mostró a Europa jugando todavia un papel de siervo de los EE.UU. y no como un socio por igual. Por otro lado, ahora se sabe que EE.UU. sabía que el avión de Morales salía desde un aeropuerto diferente de Moscú, donde Snowden no se escondía lo que muestra que esta accion de EE.UU. fue una táctica de intimidación para impedir que Bolivia le de asilo a Snowden que trajo como resultado que no sólo Bolivia, sino tambien Nicaragua y Venezuela le ofrescan asilo a Snowden al final.

En relacion a España, en particular, el partido politico llamado "Podemos"que surgio del movimiento de los "Indignados" podria traducirse en ganancias en el Parlamento español que puede traer esperanza a los griegos y a otros países europeos de que la clase obrera no ha sido olvidada.

Fuera de todo esto, el mensaje es claro. El reformismo no es el camino, sólo a través de la política revolucionaria y un movimiento respaldándolo pueden hacer que todos los miedos y presiones se pongan a un lado y los intereses de la clase obrera griega puedan prevalecer para que sean un ejemplo para el mundo de lo que el pueblo griego pueden hacer, pues la democracia nacio en Grecia. Esta unidad puede cambiar el mundo, y no deben ser olvidados. ¡No debemos permitir que las fuerzas de extrema derecha se apoderan y toman ventaja de la división o crisis. Saludos revolucionarios de América!

En solidaridad,

Alex "Al" Suárez

Imagenes de trabajadores Griegos Protestando

Así que me solidarizo con la clase trabajadora, con los pobres de Grecia, de EE.UU. y del mundo y porsupuesto con los refugiados. El problema de los refugiados ha generado tambien mucha empatía en la gente al ver en los medios de comunicacion los cadáveres de niños refugiados que terminaron en las costas de Europa. Tal solidaridad también debería de existir con el pueblo de Estados Unidos cuando gente de Centroamérica aparecen en nuestra frontera, muchos de ellos niños y refugiados. Como ya se sabe, Europa (la OTAN) fue cómplice en la destrucción de Libia junto con los EE.UU al apoyar a los llamados rebeldes en Siria, que ha causado gran parte de este problema de los refugiados, así como el golpe de estado de Estados Unidos en Honduras en 2009 que origino tambien muchos refugiados en una larga historia de intervención Norteamericana en el emisferio hoy muy bien conocida.

Ahora voy a compartir un artículo que escribí en una ciudad que aprecio de mucho corazón que se llama Filadelfia, donde el gran documento antiimperialista de la Declaración de la Independencia de los Estados Unidos fue escrita, pero donde muchas partes de la ciudad se está desmoronando economicamente asi como los EE.UU. se esta quebrando economicamete al financiar guerras en otros paises y dando ayuda economica-militar a países como Israel, que no lo necesitan, y ampliar esta ayuda a tiranos como Sisi en Egypt y a la corona de Arabia Saudita. Otra versión de este artículo ha sido publicado en un diario llamado Tribuna

Popular de Chicago también traducido al español. Espero que este libro pueda ser tambien traducido al griego.

El renacimiento en Filadelfia: Mi experiencia en el histórico Foro Social de Estados Unidos (26ª-28 de junio)

Este artículo será publicado en Tribuna Popular, también para ser traducido al español en El Tribuno del Pueblo. *

La reunión que tuve con famosos activistas raperos como Immortal Technique y Rebel Díaz fue interesante de un viaje que hice desde la Florida a Filadelfia para estar presente en el Foro Social de este verano, sin embargo mis encuentros con ellos fueron breves pues ellos no participaron en la marcha pero se sabe que ellos son tambien activistas como yo. Los encuentros con ellos fueron interesantes como lo fueron tambien mis reuniones con muchas otras personas extraordinarias de todas partes del mundo luchando por la misma causa que yo. Por ejemplo, conocí a compañeros de Honduras, Perú, Montreal, Quebec, París, Francia, Ghana, África, de Kentucky, de Boston, y de la Florida, que vinieron al Foro Social de Estados Unidos para traer un cambio revolucionario tal como sucedio con el resurgimiento del activismo de las epocas del movimiento Occupy desde la gran ciudad de Filadelfia, llamada la ciudad del amor fraternal, donde se escribió la decalaration de la independencia y fue a a vez la ciudad natal de Benjamin Franklin, de Mumia Abu Jamal, y de Noam Chomsky.

Además de los nombres destacados el nombre de Cheri Honkala debe ser un nombre familiar para todos los activistas. Ella vive en Filadelfia y ayudó a revivir la campaña de los Derechos Humanos y Económicos de los Pueblos Pobres (PPEHRC) que fue iniciado por el Dr. King. Ella también compitio en las elecciones presidenciales como vicepresidente de los EE.UU. con el Partido Verde en 2012. Cheri encabezó la marcha que tuvimos el sábado, junto con las personas sin hogar y los pobres, especialmente a las personas de color, algunos de los cuales eran parte del movimiento Negro Vidas Materia, y otros eran gente local que Cheri estaba ayudando. La gente del ghetto, de Kensington, en la zona cercana al norte de Filadelfia, donde la Universidad de Temple se encuentra nos acogió, estuvieron presentes. Cheri nos conto el caso del niño de 14 años que murio de cáncer, que el pueblo de Asistencia de Emergencia en el centro de Filadelfia que todavía se ha negado a dar albergue a muchas familias en por lo menos 5 años, a pesar de que este albergue continua recolectando dinero de los impuestos pero la corrupción continúa. Es por ello que desde el norte de Filadelfia marchamos a su oficina en el centro para protestar por las familias necesitadas que se están muriendo en la calle o se les envía a la iglesia donde Cheri ayuda a dirigir en Kensington, en lugar de prestar los servicios que se les paga para ayudar a la gente mas necesitada. Inmediatamente después de estar en los Servicios de Emergencia fuimos a nuestra ultimo lugar que era donde se encuentra una estatua del alcalde racista de Filadelfia desde la década de 1970 que se apellida Rizzo del cual hablare más adelante.

Marchamos, alrededor de 500 personas hacia los Servicios de Emergencia los que habrían sido mucho más si no fuera por la lluvia y donde se daron varios discursos. Antes de que el reverendo Bruce Wight llegara a la universidad donde el foro estaba ocurriendo Bruce llamo a los compañeros por el altavoz para que se unieran a la marcha y una gran cantidad de ellos marcharon con nosotros, incluyendo los miembros de Code Pink. Fue como si Dios estaba poniendo a prueba nuestra determinación pues la lluvia se intensifico aun mas cuando llegamos a los Servicios de Emergencia lo cual fue en realidad divertido. En la parte frontal de la protesta habían niños y personas en sillas de ruedas a lo largo de la calle hablando por el altavoz al lado de Cheri alentandonos para seguir adelante y recordandonos por lo que estábamos luchando a travez de varios cantos. Uno de mis cantos favoritos, que yo había guardado la letra dentro de mi chaqueta escrito en un papel la mayor parte del tiempo mientras sostenía el cartel de la PPEHRC en la otra mano decia "The People United Will Never be Defeated" o como se dice en español ¡El Pueblo Unido Jamas Sera Vencido!

Mientras tanto, la policía habia bloqueado las carreteras, pero teníamos a nuestros compañeros en los coches por delante de nosotros y a la policía a la cual no le habiamos pedido permiso para marchar sin embargo nos dejaron pasar. Me sentí tambien orgulloso de que el reverendo Bruce Wright nos este apoyando en esta causa y nos conto sobre cómo la Florida fue uno de los peores estados en el tratamiento hacia los pobres y cómo un hombre de 93 años fue arrestado por darle comida a los pobres en Fort Lauderdale. Es interesante contarles de que Bruce había entrado a una reunion de activistas y preguntó quienes en esta sala estaban a favor de una reforma pero ninguno le respondio. Pero cuando preguntó quienes estaban a favor de una revolución, la gente le dio una gran ovación lo que mostró claramente los sentimientos generales de la gente en este foro en particular mucho más radical que los foros de izquierda que yo había estado previamente en NY. Entre las personas que conoci cuando llegamos a los Servicios de Emergencia se encontraba un activista de mi área que no había conocido hasta entonces llamado

Pedro El Poeta, o Pedro quien es un activista rapero. Por lo tanto, Florida estuvo muy bien representada en esa marcha.

A continuación nos reunimos en frente de la estatua hecha en honor a Rizzo que como lo explique antes fue un antiguo alcalde de Filadelfia conocido por sus prácticas racistas en Filadelfia quien tambien ayudó a encarcelar a un activista Afro-americano que se llama Mumia y que todavía está en la cárcel hasta hoy. Es ironico contarles tambien que Filadelfia tiene dinero para erigir tales estatuas pero no para ayudar a los pobres muriendose en las calles.

Pedro El Poeta comenzo su actuacion con una energía revolucionaria increíble, a pesar de que apenas descansó pues había hecho un concierto junto a Dave su corista, la noche anterior. Pedro es originario de Nicaragua que había emigrado a Florida algunos años antes. Fue también maestro de estudiantes de secundaria con problemas de aprendizaje.

En el camino de vuelta en la camioneta llamé a un programa de radio donde soy anfitrión y pasé el teléfono a Pedro para que pudiera ser entrevistado. Krown Deon es un activista rapero también, de St. Pete, Florida, que lo conocí en otras protestas. Es importante recalcar que había gente de todas las edades y colores presents en esta marcha. Don, otro activista que conoci que es de Sarasota, Florida, había estado en Perú, donde mi padre es originario y que ademas habia conocido personalmente a Gustavo Gutiérrez, el fundador de la Teología de la Liberación y Don también conocio al Dr. King. Todas estas experiencias de activismo en el foro de Filadelfia nos a inspirado para continuar con nuestro trabajo para difundir el mensaje de cambio.

Esta fue mi primera gran marcha importante desde los tiempos de Ocuppy Wall Street un par de años antes y pensaba en todos los activistas que murieron demasiado jovenes pero que sin embargo dejaron su legado para nosotros seguir luchando. Pensé cómo podría inspirarme para escribir mi tercer libro y mi trabajo continuo como activista. Tambien me preguntaba ¿cómo este grupo de vanguardia podria ayudar a los oprimidos de la sociedad y como podríamos unirnos para hacer posible lo imposible? Creo que no sólo es otro mundo posible o probable, pero inevitable, pues podemos ser el cambio para la supervivencia misma de la especie humana, de modo que todos los sacrificios que se nos presentan no sean en vano para que nuestros hijos y nietos puedan vivir en una sociedad mejor como se lo merecen. Yo lucho por el futuro de mi sobrina y por todos los niños por nacer, y soñamos por una nueva sociedad y hacer de este sueño una realidad. Espero verlos en el Foro Mundial en Montreal el próximo año!

El autor Al R Suarez antes de la marcha.

Las contradicciónes en la que los intelectuales a veces entran cuando analizan la politica de un gobierno no siempre son necesariamente hechas a proposito, pero pueden ser parte del proceso de raciocinio de un intelectual. Los intelectuales que respeto, pero que no siempre estoy de acuerdo con lo que dicen como Noam Chomsky dice a veces cosas contradictorias. Por ejemplo, Chomsky escribió un libro llamado "Estados Fallidos" y la mayoría de la gente pensó que se refería a cómo los EE.UU. está convirtiendose en un Estado fallido. Pero entonces Chomsky nos confunde al mismo tiempo con declaraciones como cuando afirma que los EE.UU. es la sociedad más libre del mundo. O cuando afirma que Obama es peor que Bush pero dice a continuación que si fuera necesario votaría para reelegir a Obama si estuviera viviendo en un estado clave para elegir al presidente.

Otros dirigentes socialistas en los EE.UU. como la Sra. Sawant del consejo de la ciudad de Seattle, que he visto hablar, ha utilizado terminos como la necesidad de una reforma radical en la sociedad aun no siendo ella una trotskista ortodoxa pero una socialista alternativa a pesar de que Trotsky nunca fue un reformista sino una persona que creia en el cambio radical y no en una reforma del sistema. Yo respeto a la Sra. Sawant pero términos que ella usa como por ejemplo la "reforma radical de la sociedad" también son una contradicción. Norman Finkelstein por ejemplo, habló de cómo Gandhi admitió abiertamente tener contradicciones. Grandes pensadores han tenido a veces contradicciones en sus palabras.

Sin embargo, hay contradicciones en los intelecuales o en los politicos que son controversiales pero que sin embargo podrían ser mucho más graves. Bernie Sanders el candidato socialista independiente de EE.UU por ejemplo, ha votado en contra de la Guerra en Irak, pero en cada oportunidad que ha tenido el a votado a favor para que el senado asigne fondos para las guerras en Afganistán e Irak, e incluso recientemente Sanders a votado por un paquete de mil millones de dólares para ser enviado a los fascistas en Ucrania lo que agrava el problema con la parte Este de Ucrania y con los rusos que estan apoyando a Siria. Esto es entonces una contradicción peligrosa pues no existe ningún candidato viable de la izquierda en EE.UU. como por ejemplo el Partido Laborista de Gran Bretaña (Corbyn parece estar aun mas a la izquierda de Tsipras, pero el respaldo que le han dado Woods & Galloway dice mucho), sin embargo candidatos alternativos no democrats o republicanos en EE.UU. no tienen ningun apoyo departe del Sistema politico Americano.

Por otro lado, la justificación para financiar la Guerra es que el dinero es para ayudar a los soldados. ¿Pero ayudó Bush a financiar el Hospital para los Veteranos o darle a los soldados el equipo adecuado? Asi paresca mentira, hemos tenido casos en que las familias han enviado chalecos antibalas a sus hijos en Irak ya que el gobierno no proporcionó estos chalecos. Entonces, para presionar a los EE.UU. a abandonar Afganistán el presupuesto para la Guerra tiene que cesar para que los soldados esten fuera de peligro pues los EE.UU. ha estado en Afganistán mas tiempo que en Vietnam.

Volviendo al tema de las contradicciones, los EE.UU. dice ser un socio de buena voluntad para la paz en Israel / Palestina, pero no hacen más que seguir enviando ayuda a Israel cuando Netanyahu es reelegido con su promesa de no aceptar la solución al conflicto aceptando la idea de dos estados. Como Chomsky dice, yo creo que la solución de dos estados que es tambien el consenso internacional en la ONU, puede suceder, y sería un paso importante para crear un estado donde los Judios puedan vivir como una minoría como antes, y que los refugiados regresen y que nadie sea mas perseguido por sus creencias, bajo un estado laico. En la ONU, sin embargo, hasta que el poder reflejado en su Consejo de Seguridad sea reducido para que los países puedan votar libremente y sin coacción, seguirá siendo inútil en el fortalecimiento del derecho internacional universal para todos. Netanyahu por ejemplo, utiliza a sus agentes en el Congreso de Estados Unidos, con su grupo lobista AIPAC y dinero de las corporaciones de EE.UU. para tratar de sabotear el acuerdo con Irán. Luego promete no hacer mas escandalos o agresiones en contra de Palestina para que Obama amplíe el soborno o la ayuda a Israel. ¿Quién es entonces la superpotencia aquí? La pregunta sigue siendo entonces si el poder de la influencia de Israel sobre la política exterior estadounidense debe continuar. Y lamentablemente lo que agrava el problema son las elecciones presidenciales actuales donde los candidatos en general hacen caso omiso a las cuestiones de política exterior.

Esto refleja las tendencias nacionalistas de la opinión pública de Estados Unidos, sin embargo hoy en dia muchos jóvenes tienen una mentalidad mas abierta queriendo saber mucho mas acerca de asuntos de politica exterior para presionar a los candidatos para hablar sobre estos temas. Pero más allá del discurso lo que necesitamos es acción. Bernie Sanders por ejemplo ha hecho declaraciones chovinistas como que los inmigrantes quitan empleos a los ciudadanos nacidos en Estados Unidos lo que refleja que no es un verdadero socialista, especialmente por su apoyo a la financiación del imperio. Por otro lado, Sanders es progresista en algunos temas domesticos pero en lo fundamental el es claramente de derecha. La justificación de que Sanders es el mal menor ya no sirve mas en politica pues el peligto es que Sanders podría ser una continuación de la dinastía Bush-Clinton que se prolongó durante tres décadas. Por esta razon, independientemente de las elecciones, necesitamos el activismo verdadero para hacer una diferencia.

Conclusión

Dicen que una imagen vale más que mil palabras. Voy a terminar este libro con una serie de imágenes, ya que no he utilizado imágenes en mis dos últimos libros (sólo en mi primer libro). Cada imagen tiene una descripción de cómo esa persona me inspira pues no es mi intencion solo centrame en mi mismo como algunos otros autores tienden a ser.

Hugo Chávez, uno de mis principales fuentes de inspiración, un verdadero socialista democrático

Con mi anfitrion de mi programa de la radio Radio de la Vanguardia de la Juventud (Vanguard Youth Radio), Andrea Nordera.

Luciano de la Vega, activista rapero de Filadelfia quien promueve la radio llamada Vanguard Youth Radio.

Pedro El Poeta (Pedro The Poet) es un activista rapero quie tambien a estado en mi programa de radio anterior. Pedro vive tambien en en la bahia de Tampa (Tampa Bay).

El Reverendo Bruce Wright es un predicador progresista del area de Tampa Bay quien ha estado en muchos viajes conmigo y lo he mencionado en mis libros.

Cheri Honkala es la directora de "Poor People's Economic Human Rights Campaign" de Filadelfia y fue candidata en el 2012 para la vice presidencia del Partido Verde (Green Party).

Lider Revolucionario Ruso Leon Trotsky

Canek Sanchez Guevara

Martin Droll llamado Camarada Marty a quien le dedique mi ultimo libro fue un activista de Filadelfia quien fallecio en el 2014 en circunstancias misteriosas.